All About Birds

Short Stories, lessons and more

Bilingual English and Spanish

Todo sobre aves cuentos, lecciones y más bilingüe inglés y español

Carmen S. Gonzalez, MS.Ed.

All About Birds

Todo sobre las aves

Bird   Pájaro

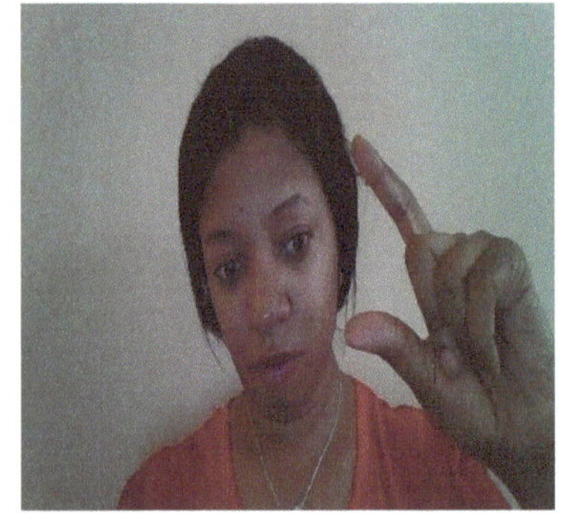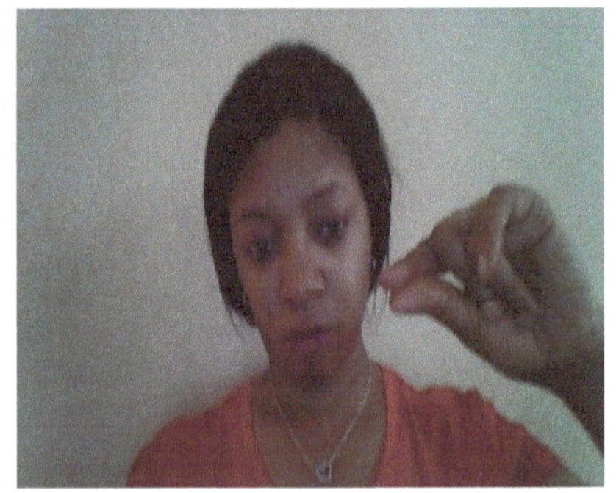

baby sign language for bird

bebe lengua de signos para aves

Essential Question:

1. What is a bird?
2. How do you say bird? Beginning sound in bird? Word approximation may vary.
3. How does a bird sound?
4. Why do we need birds?
5. Where does a bird live?

6. Who takes care of birds?
7. When can we see birds?

Objectives for the week…

Depending on age group…

1. After reading a selection about birds, TLWBAT react to the story by creating a picture of what they know about birds.
2. After reading a new selection about birds, TLWBAT compare and contrast, what they know about birds by using pointing a gesturing.
3. After reading a selection about birds, TLWBAT play a matching game about birds and their habitat.
4. After reading a selection about birds, TLWBAT play a memory game about birds using the same cards, but flipped over.

Anticipatory Sets:

1. Wow look at the birds in this book. Birds are so awesome. Some birds are big in some places and some are small. Do you like birds?

2. Tweet, tweet, tweet. Birds are sweet. They fly high and they are neat. Tweet, tweet, tweet, Birds sound neat. They fly high above me.

3. The birds fly over my head tweet, tweet, tweet, tweet.

The cardinals, sparrows, pigeons, tweet, tweet, tweet, tweet.

1,2,3,4 who just landed on the ground. Then they all go flying high in the sky, they fly into a V. Then they all fly south for the winter, saying they'll be back. Tweet, tweet.

4. Show pictures of birds.

Procedure:

Day 1-

1. Read a story about birds.
2. Teach baby sign language for the word bird.
3. Show a picture of a bird.
4. Draw a picture of a bird that I like from the book.
5. Student will draw a picture of a bird even if it is a scribble.

Homework: Student will color a picture of what they know about birds and practice the word bird.

Day 2-

1. Read a selection about birds.
2. Practice baby sign language/gesturing for the word bird.
3. Practice pointing to which birds are the same.
4. Practice pointing to which birds are different.
5. Color a picture of two birds the same size.

Homework- a book for about 20 minutes a day with a grown up.

Day #3.

1. Read a selection about birds.
2. Practice baby sign language for bird.
3. Play a matching game about birds.

Homework- Read a book about birds with your child or a book of your choice.

Day #4.

1. Read a selection about birds.
2. Practice baby sign language for bird.
3. Play a memory card game about birds. (Or play it as a matching game)

Homework: Read a book about birds with your child for about 20 minutes a day.

Objetivos para la semana... Según grupo de edad... Después de leer una selección de aves, TLWBAT reacciona a la historia por crear una imagen de lo que saben sobre las aves. Después de leer una nueva selección de aves, TLWBAT comparar y contrastar, lo que saben sobre las aves utilizando apuntando a gesticular. Después de leer una selección de aves, TLWBAT jugar un juego sobre las aves y su hábitat. Después de leer una selección de aves, TLWBAT jugar un juego de memoria sobre las aves utilizando las mismas cartas, pero volcó. Sistemas de anticipación: Wow mire los pájaros en este libro. Las aves son tan impresionantes. Algunas aves son grandes en algunos lugares y algunos son pequeños. ¿Te gustan los pájaros? Tweet, tweet, tweet. Las aves son dulces. Vuelan alto y se limpia. Tweet, tweet, tweet, sonido de pájaros aseado. Vuela alto por encima de mí.   Las aves vuelan sobre mi cabeza tweet, tweet, tweet, tweet. Los cardenales, gorriones, palomas, tweet, tweet, tweet, tweet. 1,2,3,4 que acaba de aterrizar en el suelo. Entonces van volando alto en el cielo, que vuelan en forma de V. Luego todos vuelan al sur para el invierno, diciendo que van a estar detrás. Tweet, tweet.   Mostrar fotos de aves.   Procedimiento: Día 1-leer un cuento sobre las aves. Enseñar lenguaje de señas de bebé para el pájaro de la palabra. Mostrar una imagen de un pájaro. Haz un dibujo de un pájaro que me gusta del libro. Estudiante Haz un dibujo de un ave aunque sea un garabato.

Tarea: Estudiante de color de una imagen de lo que saben sobre las aves y práctica el pájaro de la palabra.

Día 2 - Lea una selección sobre las aves. Práctica del bebé lenguaje de señas/gesticular para el pájaro de la palabra. La práctica apunta a que las aves son las mismas. La práctica apunta a que las aves son diferentes. Color de una imagen de dos pájaros del mismo tamaño. Tarea-un libro de cerca de 20 minutos al día con un crecido para arriba.

Día #3. Leer una selección de aves. Práctica bebé lenguaje de señas para aves. Juega un juego sobre las aves.   Tarea - Lee un libro sobre las aves con su hijo o un libro de su elección.

Día #4. Leer una selección de aves. Práctica bebé lenguaje de señas para aves. Juego una memoria tarjeta, sobre las aves.   (O jugar como un juego de pareos)Tarea: Leer un libro sobre las aves con su hijo durante unos 20 minutos al día.

Bird Sightings

Carmen S. Gonzalez

Blue Jay, Blue Jay.

What do you see?

Blue Jay, Jay azul. ¿Qué ves?

I see a Sparrow looking at me.

Veo un gorrión que me miraba.

Sparrow, Sparrow what do you see?

Gorrión, gorrión ¿qué ver?

I see a hummingbird looking at me.

Ver un colibrí me miraba.

Hummingbird, hummingbird what do you see?

Colibrí, Colibrí ¿qué ver?

I see a woodpecker looking at me.

Veo un pájaro carpintero me miraba.

Woodpecker, woodpecker what do you see?

Carpintero, carpintero ¿qué ver?

I see a pigeon looking at me.

Veo una paloma me miraba.

Pigeon, pigeon what do you see?

Paloma, Paloma, ¿qué quieres ver?

I see all the birds flying away.

Ver todos los pájaros volando.

Bird Matching/Memory Game

Sparrow
gorrión

Blue Jay
Jay azul

This Photo by Unknown Author is

Cardinal
cardenal

Pigeon
paloma

Directions:

Print two copies. Cut the two copies out on the line. Can be used as a memory game or matching game.

Imprimir dos copias. Recortar dos copias de la línea. Puede ser utilizado como un juego de memoria juego

Birds Matching Game/Memory Game

Nest
nido

Tree
árbol

Migration
emigración

Water
agua

Directions:

Print two copies. Cut the two copies out on the line. Can be used as a memory game or matching game.

Imprimir dos copias. Recortar dos copias de la línea. Puede ser utilizado como un juego de memoria juego

Two birds same size

Dos pájaros del mismo tamaño

Two Small Sparrows

Bird Migration

emigración de pájaro

Parakeet

About Turtle Doves

Carmen S. Gonzalez

Turtle doves bring peace.

Tórtola trae la paz.

A European bird.

Pajaro de Europa

2 Turtle Dove friends.

2 amigos de tórtola.

Turtle Doves eat seeds.

Tórtola come semillas.

Turtle Doves go to Africa every year at night.

Tórtola ir a África cada año en la noche.

Turtle doves like warm weather.

Tórtola como cálidos.

Birds Help the Earth

Las aves ayudan a la tierra

Carmen S. Gonzalez

We need birds.

Nosotros Necesitamos a las aves y pájaros.

Birds can help things to grow.

Las aves pueden ayudar a cosas para crecer.

Birds can spread pollen from flowers.

After a while, we have tons of flowers.

Después de un tiempo, tenemos un montón de flores.

Some birds make great pets.

Algunas aves hacen grandes animales domésticos.

Some birds are large.

Algunas aves son grandes.

Some are large and flightless like this ostrich.

Algunos son grandes y como este avestruz.

Some birds are nocturnal.

Algunas aves son nocturnas.

Bibliography

https://www.livingwithbirds.com/tweetapedia/21-facts-on-turtle-dove. 7-29-2017

Nursery Rhymes about Birds

Five Little Ducks

5 little ducks went out one day
Over the hills and far away,
Mommy (daddy) duck called quack quack quack,
But only 4 little ducks came back.
4 little ducks went out one day
Over the hills and far away,
Mommy (daddy) duck called quack quack quack,
But only 3 little ducks came back.

3 little ducks went out one day
Over the hills and far away,
Mommy (daddy) duck called quack quack quack,
But only 2 little ducks came back.

2 little ducks went out one day
Over the hills and far away,
Mommy (daddy) duck called quack quack quack,
But only 1 little duck came back.

1 little duck went out one day
Over the hills and far away,
Mommy (daddy) duck called quack quack quack,
But no little ducks came wondering back.

No little ducks went out one day
Over the hills and far away,
Mommy (daddy) duck called quack quack quack,

And 5 little ducks came wandering back.

Five Little Blue Birds

Five little blue birds, hopping by my door
One went to build a nest, and then there were four

Four little blue birds singing lustily
One got out of tune, and then there were three

Three little blue birds, and what should one do,
But go in search of dinner, leaving only two.

Two little blue birds singing for fun
One flew away, and then there was one.

One little blue bird sitting in the sun
He took a little nap, and then there was none.

Five Little Chickadees

A finger play or whole body movement activity
Five little chickadees, sitting by a door
One flew away, and then there were four

Chorus:
Chickadees, chickadees, happy and content,
Chickadees, chickadees, fly away.

Four little chickadees, sitting in a tree
One flew away, and then there were three.
Repeat the Chorus

Three little chickadees, looking at you
One flew away, and then there were two.
Repeat the Chorus

Two little chickadees, sitting in the sun
One flew away, and then there was one.
Repeat the Chorus

One little chickadee, sitting all alone
That one flew away, and then there was none.

Mary Had A Pretty Bird

Mary had a pretty bird,
Feathers bright and yellow,
Slender legs, upon my word
He was a pretty fellow.

The sweetest notes he always sung,
Which much delighted Mary,
And often where the cage was hung,
She stood to hear Canary.

The Little Bird

Once I saw a little bird
Come hop, hop, hop;
So I cried, "Little bird,
Will you stop, stop, stop?"

And was going to the window
To say, "How do you do?"
But he shook his little tail,
And far away he flew.

10 Little Birds

1 little, 2 little, 3 little birds

4 little, 5 little, 6 little birds

7 little, 8 little, 9 little birds

10 little birds flying in a V.

Cinco poco 5 patos

patitos salieron un día sobre las colinas y lejano, pato mamá (papá) llamado quack quack quack, pero sólo 4 patitos regresaron. 4 patitos salieron un día sobre las colinas y lejano, pato mamá (papá) llamado quack quack quack, pero sólo 3 patitos volvieron. 3 patitos salieron un día sobre las colinas y lejano, pato mamá (papá) llamado quack quack quack, pero sólo 2 patitos volvieron. 2 patitos salieron un día sobre las colinas y lejano, pato mamá (papá) llamado quack quack quack, pero sólo 1 pato pequeño regresó. 1 pato pequeño salió de un día sobre las colinas y lejano, pato mamá (papá) llamado quack quack quack, pero no patitos vinieron preguntando nuevamente. No patitos salieron un día sobre las colinas y lejano, pato mamá (papá) llamado cuac cuac cuac, y 5 patitos vinieron por detrás.

Cinco pajaritos azul

cinco pequeños pájaros azules, saltando por mi puerta una fue a construir un nido, y luego hubo cuatro cuatro pajaritos azul cantando vigorosamente uno se desafina y luego fueron tres tres pajaritos azul, y lo que se debe hacer, sino ir en busca de cena, dejando sólo dos. Dos pajaritos azul cantando para divertirse uno volaron, y entonces había uno. Un pequeño pájaro azul sentado en el sol que tomó un poco de siesta y entonces allí era ninguno.

Cinco pequeños carboneros A juego de los dedos o cuerpo entero cinco pequeños carboneros de movimiento actividad, estar por una puerta uno volando y luego hubo cuatro coro: carboneros, carboneros, felices y contentos, carboneros, carboneros, volar. Cuatro carboneros poco, sentado en un árbol uno volando, y entonces eran tres. Repetir el coro tres pequeños carboneros, mirarte uno volaron, y entonces había dos. Repetir el estribillo dos carboneros poco, sentado al sol unos volaron, y entonces no regresaron.

Había una bonita Ave

María tenía un bonito pájaro, plumas brillantes y amarillos, las piernas de delgado, doy mi palabra fue un compañero bastante. Las notas más dulces siempre cantó, que María mucho encantada, y a menudo donde se colgó la jaula, estaba escuchando Canarias.   El pajarito una vez vi un pajarito hop, hop, hop; Así que grité "Pajarito, parará, parada, parada?" Y se iba a la ventana para decir, "Cómo lo haces?" Pero él sacudió su cola pequeña y lejos voló.

Ideas…

Create a mental image.

Draw a picture

Write a reaction to the nursery rhyme

Recite the nursery rhymes

Translate the nursery rhymes

Ideas...

Crear una imagen mental.

Dibujar un cuadro

Escriba una reacción a la rima

Recite las rimas traducir las rimas